El joven músico

Aprende
Violín
y otros
instrumentos de cuerda

Alison Hunka y
Philippa Bunting

Editor
Panamericana Editorial Ltda.

Edición
Javier R. Mahecha López

Traducción
Michael J. Evans H.

Ilustraciones
Ron Hayward y David West

Diseño de la serie
David West

Diseño
Andy Wilkinson

Investigación de ilustraciones
Emma Krikler

Título original: Playing the Violin and Stringed
Instruments

La autora, Alison Hunka, ha enseñado el violín por más
de 20 años a particulares y a grupos entre 3 y 70 años de
edad.

La autora, Philippa Bunting, le ha enseñado el violín a
particulares y a grupos.

Primera edición en Gran Bretaña por Aladdin Books,
2003
Primera edición en Panamericana Editorial Ltda.,
octubre de 2005

Derechos de autor © de la música Philippa Bunting
1992 a menos que se indique de otra forma.
© Aladdin Books
2/3 FITZROY MEWS, London W1T 6DF
© Panamericana Editorial Ltda.
Calle 12 N° 34-20 Tel.:3603077 - 2770100
Fax: (57 1) 2373805
Correo electrónico:panaedit@panamericanaeditorial.com
www.panamericanaeditorial.com
Bogotá D. C., Colombia

ISBN: 958-30-1538-5

Impreso por Panamericana Formas e Impresos S.A.
Calle 65 N°95-28 Tel.: 4302110 - 4300355,
Fax: (57 1) 2763008
Quien sólo actúa como impresor

Impreso en Colombia   Printed in Colombia

Contenido

Hunka, Alison
    Aprende Violín y otros instrumentos de cuerda /
Alison Hunka y Philippa Bunting; ilustraciones Ron
Hayward y David West. — Bogotá: Panamericana
Editorial, 2004.
    32 p. : il. ; 9 cm. — (El joven músico)
    ISBN 958-30-1538-5
    1. Violín - Enseñanza 2. Instrumentos de cuerda
I. Bunting, Philippa II. Hayward, Ron, il. III. West,
David, il. IV. Tít V. Serie
787.2 cd 20 ed.
AHY2215

    CEP-Banco de la República-Biblioteca Luis Ángel
Arango

El joven músico

Aprende
Violín
y otros
instrumentos de
cuerda

Alison Hunka y
Philippa Bunting

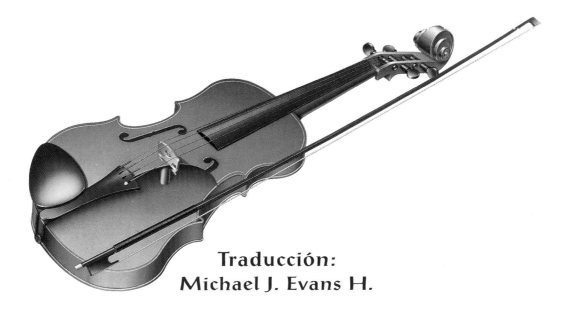

Traducción:
Michael J. Evans H.

PANAMERICANA
EDITORIAL

Introducción

El violín es uno de los instrumentos preferidos por todos. La belleza de su forma es igual a la de su sonido. El violín pertenece a la familia de los instrumentos de cuerda. Puede generar una extensa gama de expresión musical; el sonido del violín puede ser tan variado e imponente como la voz humana.

Cuando una cuerda del violín se puntea o frota, ésta empieza a vibrar. La vibración va desde el puente hasta el alma dentro del violín. Entonces, el sonido se amplifica en el interior y sale por los agujeros en forma de f de la tapa.

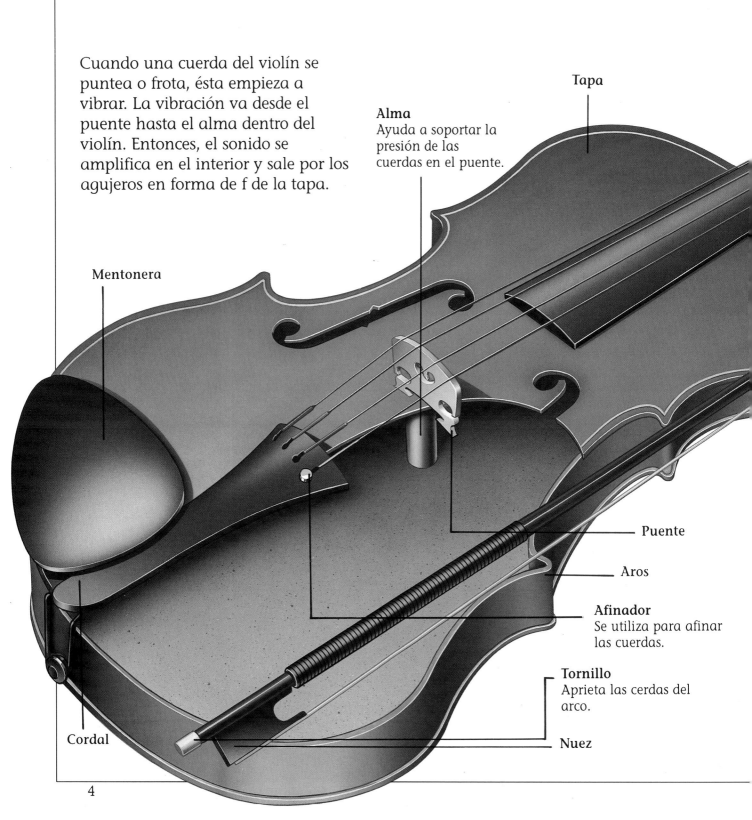

Tapa

Alma
Ayuda a soportar la presión de las cuerdas en el puente.

Mentonera

Puente

Aros

Afinador
Se utiliza para afinar las cuerdas.

Tornillo
Aprieta las cerdas del arco.

Cordal

Nuez

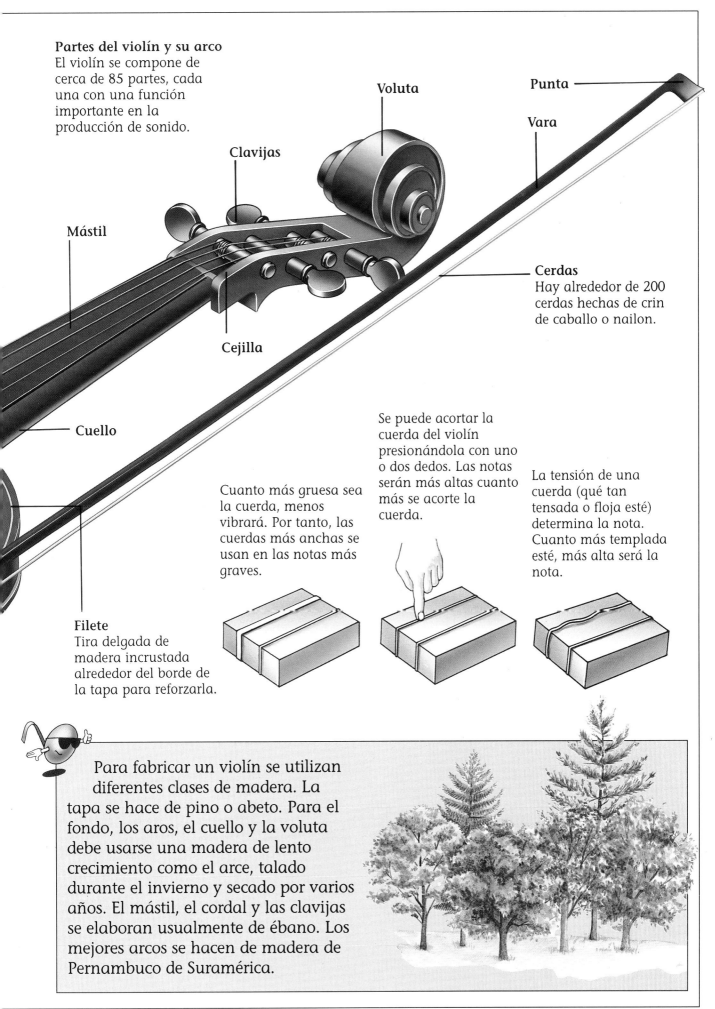

Partes del violín y su arco

El violín se compone de cerca de 85 partes, cada una con una función importante en la producción de sonido.

Voluta

Punta

Vara

Clavijas

Mástil

Cerdas
Hay alrededor de 200 cerdas hechas de crin de caballo o nailon.

Cejilla

Cuello

Se puede acortar la cuerda del violín presionándola con uno o dos dedos. Las notas serán más altas cuanto más se acorte la cuerda.

Cuanto más gruesa sea la cuerda, menos vibrará. Por tanto, las cuerdas más anchas se usan en las notas más graves.

La tensión de una cuerda (qué tan tensada o floja esté) determina la nota. Cuanto más templada esté, más alta será la nota.

Filete
Tira delgada de madera incrustada alrededor del borde de la tapa para reforzarla.

Para fabricar un violín se utilizan diferentes clases de madera. La tapa se hace de pino o abeto. Para el fondo, los aros, el cuello y la voluta debe usarse una madera de lento crecimiento como el arce, talado durante el invierno y secado por varios años. El mástil, el cordal y las clavijas se elaboran usualmente de ébano. Los mejores arcos se hacen de madera de Pernambuco de Suramérica.

Conoce tu violín

Antes de que empieces a tocar el violín, debes encontrar la manera adecuada de sostenerlo y que te sientas cómodo y natural. La idea es que lo sientas como una parte tuya. Debes sostenerlo con suficiente fuerza para que no resbale, pero no tan duro para que tensiones tus hombros y cuello. Si te relajas para tocar, te resulta más fácil.

PARA COMENZAR A TOCAR

Párate, con tus pies al ancho de tus hombros. Coloca la parte de atrás del violín contra tu estómago. Sostén el cuello de aquél con tu mano izquierda y pon tu mano derecha debajo de la mentonera. Ahora estira tus brazos hacia la izquierda, voltea el violín y colócalo sobre tu hombro izquierdo. Deja que el instrumento repose sobre tu clavícula izquierda. Gira tu cabeza hacia la voluta, y el lado de tu mentón caerá naturalmente sobre el soporte.

POSTURA SENTADO

Cuando los violinistas deben tocar durante mucho tiempo, por ejemplo en una orquesta, generalmente lo hacen sentados. Los pies se cansan menos, pero es más difícil mantener una postura cómoda con el violín. Estar de pie le da al músico más libertad de movimiento, y por eso usualmente se ponen de pie al ensayar o tocar como solista. Si tienes que tocar sentado, tus pies deben de estar bien apoyados en el suelo; separa tus rodillas. Tu espalda debe estar recta pero no rígida. Sostén tu violín de la misma manera que lo harías si estuvieras de pie.

CÓMO SOSTENER TU VIOLÍN

El violín puede sostenerse sin ayuda alguna de la mano izquierda. ¡Pruébalo y verás! Sin embargo, la mano izquierda sí puede brindar un poco de soporte. Coloca tu pulgar izquierdo en donde el cuello se une al resto del instrumento y deja que tus dedos reposen sobre las cuerdas.

PIZZICATO

Estás listo para hacer *pizzicato*. Suavemente, tira de una de las cuerdas con el dedo índice de tu mano derecha, y suelta. Pulsa la cuerda aproximadamente 2 cm del borde del mástil. Vuelve a traer tu mano haciendo un gran círculo y haz *pizzicato* en otra cuerda.

LAS PRIMERAS POSTURAS

Al principio, el violín se sostenía contra el pecho del músico colocando el pulgar en la nuez del arco. Luego, el violín se sostenía libremente debajo de la barbilla, sin dejar que la cabeza reposara sobre él (no existían las mentoneras en aquellos días). El codo del ejecutante se mantenía pegado al cuerpo. Ambas posturas las adoptan todavía músicos folclóricos contemporáneos. La postura que se usa hoy permite tocar piezas más difíciles. Los primeros arcos tenían la forma de un arco de caza, con la vara doblada hacia fuera de la crin, y no hacia adentro.

Comencemos

En la página anterior conociste un poco tu violín y escuchaste algunos de los sonidos de éste. Ya estás listo para aprender más acerca de lo que son esos sonidos y cómo se combinan para producir música. Cada una de las cuatro cuerdas del violín está afinada en una nota especial. Las cuerdas se denominan según estas notas.

LAS CUERDAS AL AIRE
Comenzando por la nota más grave, las cuatro cuerdas son sol, re, la y mi. Haz *pizzicato* en cada una y di sus nombres. Ahora trata de cantar las mismas notas. ¿Puedes percibir la diferencia en los sonidos? Cada cuerda tiene su propia personalidad, como los seres humanos, y los violinistas utilizan esto para descubrir la personalidad de la música.

SOL RE LA MI

AFINA TU VIOLÍN
La afinación puede requerir un poco de ayuda al principio, dado que las cuerdas deben estar

También puedes comprar diapasones de aire, con la nota de cada cuerda.

tensadas precisamente a un tono exacto para que puedas tocar las notas adecuadas. Puedes usar un piano o un diapasón de horquilla, que es más confiable, para afinar tu instrumento. Para cambiar la altura de la cuerda usa las clavijas, o los afinadores si hay.

ENSAYO DEL *PIZZICATO*

He aquí una pequeña melodía fácil de pulsar. Te ayudará a reconocer las cuatro notas abiertas. Toca las notas mayúsculas como notas largas, y las minúsculas como cortas. Intenta esta melodía por parejas de líneas. Escucha las notas al tocarlas. Después, trata de tocar toda la pieza con el ritmo adecuado para las notas largas y cortas.

LA RE LA RE
sol sol sol sol RE RE

LA MI la la MI
mi mi mi mi LA LA

RE la la re re RE
SOL sol sol RE RE

LA MI LA MI
la la la la RE RE

¿QUÉ DESAYUNASTE?

Ahora intenta improvisar tu propia música. En la última pieza, las notas largas y cortas formaban un ritmo. Intenta crear tu propio ritmo diciendo en voz alta tu nombre y tu dirección. También podrías decir lo que desayunaste. Haz *pizzicato* al tiempo que hablas, para obtener una imagen musical con las sílabas de las palabras. Escoge las cuerdas que concuerden con lo que vas diciendo. ¡Hasta podrías mantener un diálogo entre dos cuerdas!

CÓMO SE FABRICAN LAS CUERDAS

Todas las cuerdas de violín solían hacerse de tripas de oveja o de gato. Luego se descubrió que si se envolvían las tripas con aluminio o plata, las cuerdas se volvían más delgadas y resistentes.

Hoy día, se usa nailon o plástico, en lugar de tripas para el centro y se envuelven con hilos de aluminio o cobre. El material que se usa para fabricar las cuerdas afecta la calidad del sonido que producen.

Lee las notas

En una partitura, las notas se muestran como puntos sobre cinco líneas llamadas pentagrama. Cuanto más arriba esté escrita una nota en el pentagrama, más agudo será su tono. Leer notación musical quiere decir que puedes tocar la música escrita por otras personas.

CONOCE LAS NOTAS

Las notas musicales van de do a si. Después de si se comienza de nuevo. En el dibujo de la derecha, las cuerdas al aire en tu violín se muestran en notación musical y como notas en el teclado. Sol está ubicada debajo de la segunda línea adicional inferior del pentagrama, re debajo del pentagrama, la debajo de la tercera línea y mi debajo de la quinta. Todas las cuerdas al aire aparecen entre los espacios.

La clave de sol (abajo) indica la altura de las notas del violín.

sol   re   la   mi

LÍNEAS ADICIONALES

La altura de una nota dice qué tan aguda o qué tan grave es. Las notas como la cuerda sol al aire son demasiado altas o bajas para caber dentro del pentagrama. Se usan líneas adicionales, parecidas a escaleras, para alcanzarlas.

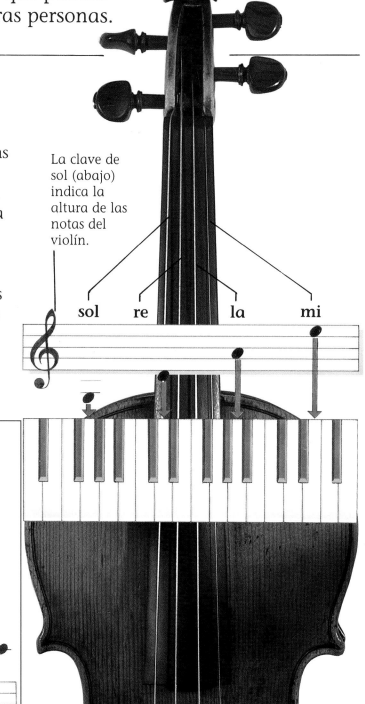

PRACTICA LAS CUERDAS AL AIRE

Puesto que ya sabes cómo se muestran las cuerdas al aire de tu violín en notación musical, estás listo para leerlas. Todas las notas a continuación tienen la misma duración. Las notas escritas forman un dibujo de las notas que escuchas al tocar. Cuanto más alto sea el sonido, la nota estará más arriba en el pentagrama.

Trata de adelantarte un poco para leer las notas que siguen. Mientras tocas una nota, ya deberías saber cuál sigue, para que tu mano se prepare para ir a la cuerda indicada. Las líneas verticales que ves abajo se llaman líneas de compás: ordenan la música en unidades fáciles de leer. Estas unidades son los compases.

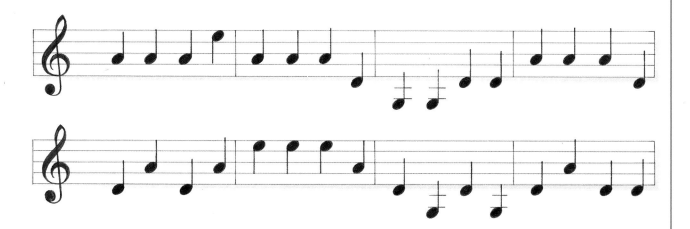

LOS PRIMEROS VIOLINES

El instrumento que parece un violín en esta miniatura francesa medieval es una *lyra de bracchia*, un ancestro del violín. Cuando apareció el primer violín en el siglo XVI, se utilizaba principalmente en danzas y bodas, y no se le daba mucha importancia. Los compositores y músicos preferían la familia de las violas. Estos instrumentos de cuerda se fabricaban en distintos tamaños, y estaban hechos para ejecutarse en grupos y en música de cámara. Se sostenían entre las rodillas y se usaba un arco. Venían con trastes para apoyar los dedos de la mano izquierda, como las guitarras de hoy. Ya en el siglo XVIII, las violas fueron remplazadas por el violín y su familia.

Sigue el compás

El pulso de una pieza musical es como el tictac de un reloj o el pulso de un metrónomo. Generalmente es uniforme, pero el ritmo (orden de notas largas y cortas) varía dentro del compás mismo. En esta página verás cómo se escriben las notas largas y cortas.

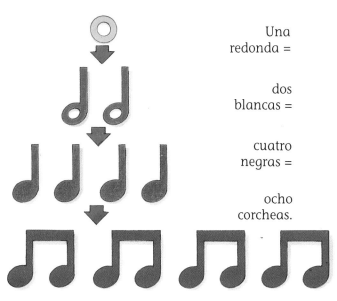

Una redonda =

dos blancas =

cuatro negras =

ocho corcheas.

Las notas de diferente valor de tiempo se escriben de diferente manera. Cada una de las líneas de arriba usa la misma duración de tiempo en música.

La redonda es la nota más larga aquí. Una redonda dura lo mismo que dos blancas, lo mismo que cuatro negras y lo mismo que ocho corcheas.

SILENCIOS

Los silencios pueden ser tan importantes como los sonidos. En la música escrita, los silencios se indican con signos especiales. A menudo, los silencios hacen que el público esté más atento en espera de lo que sigue. Existen silencios de distinto valor para las notas que ya conoces. Piensa en ellos como notas mudas y cuéntalas tan cuidadosamente como las que tocas.

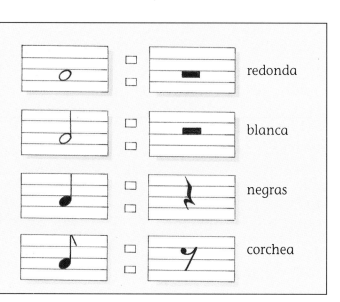

redonda

blanca

negras

corchea

Diferentes piezas musicales tienen diferente número de pulsos por compás. Al principio de la partitura, la métrica te indica esto. El número de abajo te dice cuál nota forma el compás principal. En estos ejemplos el compás es con negras. El número de arriba te dice cuántos pulsos hay por compás. El primer ejemplo, con métrica de 2/4, tiene dos negras por compás, o su equivalente en otras notas de distinto valor de tiempo. Una métrica de 3/4 tiene tres, y una métrica de 4/4 tiene cuatro negras por compás. Ensaya con estos ejemplos; debes ser paciente y muy constante.

HABILIDADES TRADICIONALES

El violín desempeña un papel importante en la de tradición musical de Europa oriental. Los violinistas rumanos (derecha) son reconocidos por sus habilidades al tocar y por el sonido triste de su música. El violín también ha sido el instrumento folclórico más popular de Norteamérica por mucho tiempo; en la página 12 verás dos músicos norteamericanos de antaño. En Estados Unidos, el violín posee un repertorio de más de 1000 melodías, y se dice que algunos violinistas saben de memoria más de 400 de ellas.

Manos a la obra

Ya conoces las cuerdas al aire. En esta página descubrirás cómo tocar las notas que están en medio de las notas al aire. Éstas se logran poniendo los dedos de tu mano izquierda sobre las cuerdas, en diferentes posiciones.

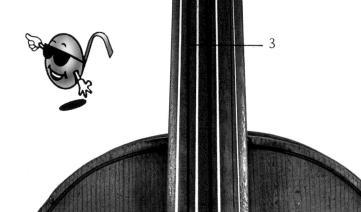

cejilla

1

2

3

Para tocar el violín, se les asignan números a tus dedos como se muestra aquí.

Pon tus dedos sobre las cuerdas como se indica. Tu pulgar ayuda a sostener el violín y roza el cuello opuesto a tu primero y segundo dedo.

1
2
3

Si colocas un dedo sobre una cuerda que vibra, ésta se acortará y emitirá un sonido más agudo. El espacio entre la cejilla y tu índice es igual al espacio entre tus dedos 1 y 2 (un tono); el espacio entre tus dedos 2 y 3 es la mitad (un semitono).

Haz *pizzicato* en la cuerda re al aire alistando tu mano izquierda para tocar la siguiente nota.

Baja tu dedo índice izquierdo. Pulsa la cuerda tocando la nota mi.

Baja tu segundo dedo un poco apartado del primero. Esto es fa sostenido.

Agrega tu tercer dedo rozando el segundo. Esta nota es sol.

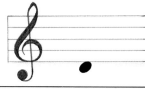

EJERCICIO CON LA CUERDA RE

Esta pieza usa todas las notas que has aprendido en la cuerda re. Fíjate que la digitación ha sido señalada sobre las notas para ayudarte. Ensaya con *pizzicato* este ejercicio. Luego vuelve a intentar tocarla con el arco.

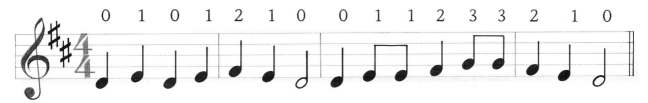

PRUEBA LA CUERDA LA

La digitación para la cuerda re (un gran espacio entre la cejilla y el primer dedo y entre dedos 1 y 2, y la mitad entre los dedos 2 y 3) también aplica a las otras cuerdas. Prueba esta secuencia en la cuerda la.

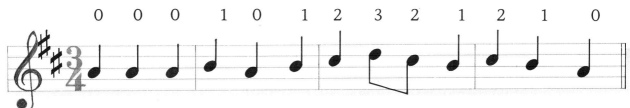

RE MAYOR

Si juntas todas estas notas, ya puedes tocar tu primera escala, la escala de re mayor. Los símbolos al lado de la clave de sol son los sostenidos. Aquí hay sostenidos en las notas fa y do que indican la tonalidad de re mayor.

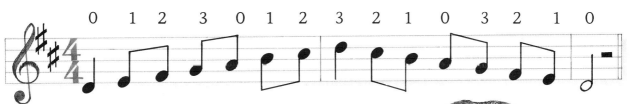

ANTONIO VIVALDI

Antonio Vivaldi (1678-1741) fue uno de los compositores para violín más importantes y exitosos. Vivió en Venecia y se unió a la iglesia a los 15 años. Lo apodaban "El cura rojo" por el color de su pelo. Vivaldi compuso cerca de 400 conciertos para violín. Un concierto es una pieza escrita para un instrumento solista y orquesta. La obra más famosa de Vivaldi es *Las cuatro estaciones*, un grupo de cuatro conciertos; uno para cada estación del año.

Toma el arco

Un violín sin arco es en realidad medio instrumento.
El arco hace que la "voz" del violín "pueda cantar".
El *pizzicato* (pulsar) es un efecto útil, pero el arco
desata la verdadera expresión del violín.
El primer paso es sentirse tan cómodo con el
arco como ya lo estás con el violín.

SOSTÉN EL ARCO

Es buena idea primero practicar
cómo cogerlo con un lápiz. Haz un
círculo con tu pulgar derecho y tus
dedos 2 y 3. Tu pulgar debe
estar opuesto a tus dedos,
y debes poder sentir la
uña de tu pulgar. Ahora
toma el arco sosteniéndolo de la
misma forma de la nuez. Tu pulgar
debe reposar debajo de la vara del
arco opuesto a tus dedos. Tu dedo
índice ahora se une a los otros dos
dedos sobre la vara, dejando un
pequeño espacio entre los dedos. La
punta de tu meñique debe posarse
sobre la vara.

Coloca el arco sobre
una cuerda con la
nuez a 1 cm del
puente.

Lentamente, baja el
arco hasta la punta
y súbelo de nuevo.
Mientras tu mano se
aleja más del violín,
el arco debe
permanecer paralelo
al puente. Intenta
pasar el arco por
cada cuerda
individual sin tocar
las otras.

Un arco descendente empieza en la nuez y llega a la punta. Un arco ascendente empieza en la punta y alcanza la nuez. Ensaya varios arcos descendentes seguidos, regresando tu brazo en forma circular al comenzar cada uno. Repite lo mismo con arcos ascendentes. Y luego los tocas alternamente: desciende, asciende, desciende, asciende.

Los símbolos de arco en la partitura te indican el movimiento del arco. Un arco descendente se parece a la nuez y el ascendente se parece a la punta.

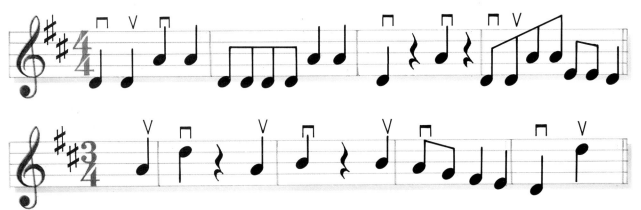

Un arco descendente se utiliza con las notas más pesadas, como en el primer pulso del compás. Uno ascendente se usa en los pulsos más ligeros.

Utiliza los silencios en la pieza de arriba para hacer círculos con el arco y estar listo para el siguiente arco descendente.

CUIDADOS DEL VIOLÍN Y DEL ARCO

Así como cualquier otro instrumento, debes cuidar bien del violín y su arco. No lo dejes junto a la calefacción, o a la intemperie de noche; si recibe mucho calor o frío la madera puede rajarse. Aplícale resina especial (pez) al arco regularmente, pero nunca toques las cerdas con tus dedos. Cuando termines de tocar, afloja la tensión del arco y limpia el violín con un paño suave para retirar la resina (pez) que quede. Siempre carga cuerdas de repuesto y pez en el estuche. Y por último, ¡mantén tus uñas cortas!

Suaviza las notas

Puedes variar el sonido del violín cambiando la manera en que frotas el arco sobre las cuerdas. Intenta variar la velocidad del arco y la fuerza que empleas para frotar las cuerdas. Si pasas el arco cerca del puente cambiará el sonido. Ya estás listo para tocar más de una nota en una pasada. Esta técnica se denomina fraseo.

¿QUÉ ES UN FRASEO?

A menudo los cantantes cantan una palabra por nota. Cuando tienen una palabra para cantar en varias notas, extienden la palabra a lo largo de todas las notas haciendo un fraseo. El violinista utiliza su arco para lograr el mismo efecto. También puedes usar el fraseo para variar la forma en que tocas una oración o frase musical.

UNA PASADA DE ARCO PARA MUCHAS NOTAS

Hasta ahora has aprendido a tocar una nota en cada pasada. La nota y la dirección del arco cambian simultáneamente. En un fraseo, el arco sigue en la misma dirección y la nota cambia. Puedes tocar varias notas en un arco.

ENSAYA FRASEOS

Para tocar fraseos, necesitas hacer dos cosas a la vez. Aunque tus manos están haciendo dos cosas por separado, necesitan coordinarse para tocar al mismo tiempo. Esta habilidad es muy importante al tocar el violín. Ensaya pisando con un dedo la cuerda de la. Comienza un arco descendente. Cuando vayas por la mitad, retira tu dedo. El arco debe continuar suavemente y no tambalear al cambiar la nota. Repite esto con un arco ascendente. ¡El sonido producido pude parecer como una sirena de ambulancia!

El fraseo puede ocurrir entre las notas de una misma cuerda o en diferentes cuerdas. En el segundo de estos ejercicios, usa tu codo derecho, no sólo tu mano, para ayudarte a pasar de una cuerda a la otra. Luego intenta la pieza que sigue.

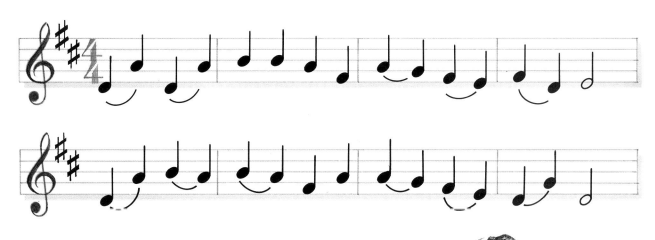

ANTONIO STRADIVARIUS

Antonio Stradivarius (1644-1737) es considerado el más grande fabricante de violines de todos los tiempos. Trabajó desde el pueblo italiano de Cremona, y fabricó más de 1000 instrumentos en el transcurso de su carrera. De éstos, aún sobreviven cerca de 600, muchos de los cuales se encuentran en museos. Varios de los instrumentos de Stradivarius tienen nombres propios. Dos de sus más hermosos violines se llaman el *Alard* y el *Mesías*.

Continuemos

Esta página te muestra cómo tocar las otras notas que puedes generar usando la sencilla digitación que aprendiste en las páginas 14 y15. Con estas notas podrás tocar dos nuevas escalas: la mayor y sol mayor. Una vez te acostumbres a estas notas, prueba tocando melodías de memoria, ¡o inventa las tuyas!

ESCALA EN LA MAYOR

La escala en la mayor utiliza la misma secuencia de dedos que la escala en re mayor, pero se toca sobre las cuerdas de la y de mi. Las escalas son secuencias de espacios largos y cortos (tonos y semitonos). Estos espacios, o intervalos, permanecen iguales sin importar en qué nota empezaste. Para conservar la secuencia, la escala en la mayor contiene tres sostenidos: fa, do y sol. Podrás verlos en el pentagrama.

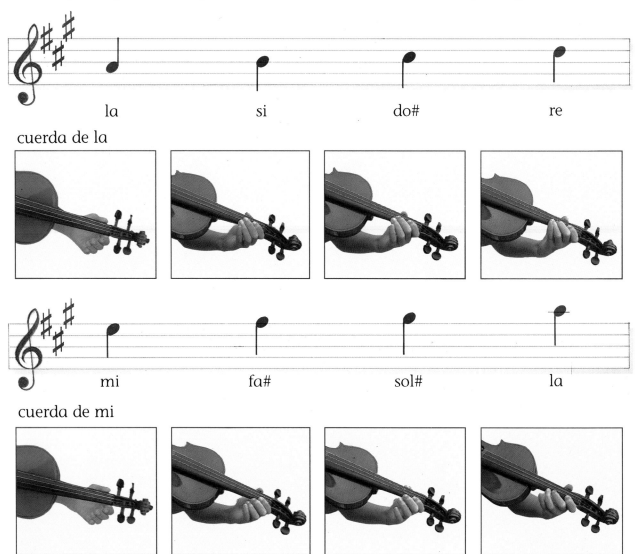

ESCALA DE SOL MAYOR

La escala de sol mayor utiliza la misma secuencia de dedos que las otras dos escalas que ya sabes, pero se toca sobre las cuerdas de sol y de re. Sol mayor tiene un sostenido en la partitura. Usa sólo arco para cada nota.

sol   la   si   do   re   mi   fa#   sol

BUENOS Y MALOS HÁBITOS

Los malos hábitos son muy fáciles de contraer y muy difíciles de desaprender. Esto es particularmente cierto al tocar el violín, porque hay tantas cosas sucediendo al mismo tiempo que es difícil controlarlas todas. A continuación conocerás unas reglas básicas:

No hagas nada que te lastime o te haga tensionar.
Mantén tus hombros relajados y hacia abajo.
No tensiones tu cuello al llegar a una parte de la música que te resulte difícil. Mantente lo más relajado que puedas. Verás que podrás tocar mucho mejor, y lo disfrutarás más.

¿Cuántos hábitos malos puedes apreciar en la fotografía?

NICCOLÓ PAGANINI

Paganini (1782-1840) fue el mejor violinista de su época. Compuso su propia música para demostrar su talento. Su genio musical y apariencia excéntrica sustentaron rumores de que había hecho un pacto con el diablo para mejorar su habilidad. Su sonata *Napoleón* sólo se toca en la cuerda de sol.

Primeras melodías

Ya puedes comenzar a tocar melodías que conozcas de memoria. Esta página te da la oportunidad de tocar con partituras. Utiliza todo lo que has aprendido para ensayar estas melodías. Al tocar, acuérdate de escuchar con cuidado para ver si tu sonido está bien afinado y si es bueno.

EL VIOLINISTA SOLITARIO

Antes de tocar, estudia la música. Fíjate en la partitura y en la métrica.

El *violinista solitario* está compuesto para ser tocado en métrica de 4/4, con cuatro negras por barra.

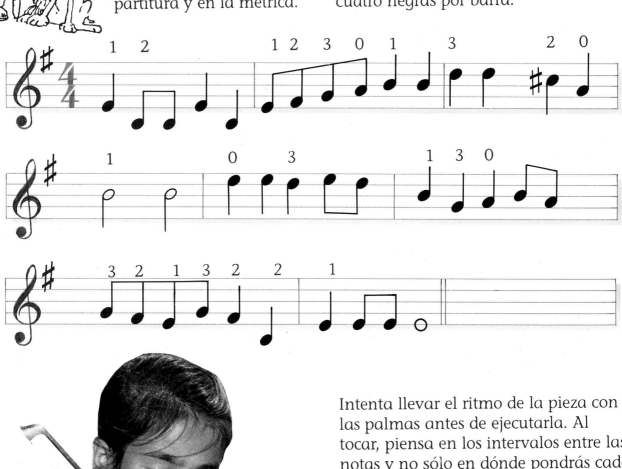

Intenta llevar el ritmo de la pieza con las palmas antes de ejecutarla. Al tocar, piensa en los intervalos entre las notas y no sólo en dónde pondrás cada dedo. Esto te ayudará a tocar afinado. No uses el arco hasta que tus dedos estén en el lugar indicado (irás haciéndolo cada vez más rápido y mejor). Por último, disfruta tocando. ¡De eso se trata!

EL VALS ARCO IRIS

El vals arco iris, como todos los valses, está en métrica de 3/4 con tres negras por compás. Cada pieza musical posee su propia personalidad que tú deberás descubrir.

TOCAR ACOMPAÑADO

Tocar el violín en grupo es una de las mejores maneras de aprender, ya que puedes escuchar a otros y acostumbrarte a practicar con ellos.

Existen variados métodos para aprender a tocar en grupo. Únete a una orquesta o grupo de cuerdas si puedes. ¡Podrás hacer muchos amigos!

Tocar acompañados

Practicar con otros es uno de los aspectos más reconfortantes y emocionantes cuando está aprendiéndose a tocar algún instrumento. Puedes empezar a hacerlo en compañía de una persona. Una pieza musical para dos personas se llama dueto. A continuación verás una compuesta especialmente para ti. Está compuesta en re mayor, y contiene fa y do sostenidos (#) en la partitura.

CAJA DE MÚSICA

PRIMER VIOLÍN

Para tocar adecuadamente con otra persona, debes conocer bien tu parte. Empieza tocando la parte del primer violín, la cual lleva la melodía. Luego, intenta tocar la parte del segundo violín, la cual sirve de acompañamiento. ¡Las dos partes son igual de importantes! Por último, ensaya tocando este dueto con un(a) amigo(a) o con tu maestro(a). Al juntar las dos partes, asegúrate de que ambos empiecen y terminen al tiempo.

LA TESITURA DEL VIOLÍN

La tesitura del violín se extiende a lo largo de cuatro octavas (las escalas que has visto hasta ahora son escalas de un octavo). Algunas piezas musicales muy difíciles cubren toda la tesitura del instrumento, de un extremo del mástil al otro. Si trabajas duro, no hay razón para que con el tiempo no puedas tocar así, aunque las piezas más difíciles no son necesariamente las más satisfactorias.

EL SEGUNDO VIOLÍN

La parte del segundo violín es más complicada que la del primero porque se mueve más rápido y cruza las cuerdas con más frecuencia. Cuando toques con un(a) compañero(a), debes asegurarte de que el ritmo de tu acompañamiento encaje con la melodía. Los silencios toman su valor. Debes estar pendiente de lo que toca el primer violín.

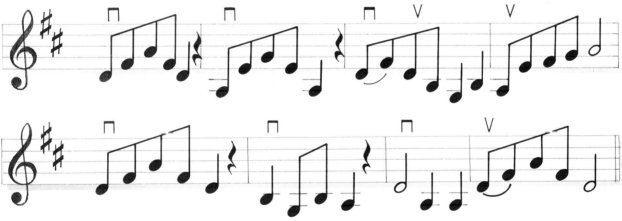

VIOLÍN DE *JAZZ*

El violín puede usarse eficazmente en el *jazz*. Este tipo de música no se encuentra en partituras, los músicos la improvisan (inventan) como si estuvieran solos. Dos de los violinistas de *jazz* más reconocidos eran Stephane Grapelli y Joe Venuti, quienes a menudo tocaban duetos con guitarristas. Nigel Kennedy es un violinista clásico que también toca música *jazz*.

El mundo del violín

La gran variedad de efectos producidos por el violín hacen que sea uno de los instrumentos preferidos. En todo el mundo encontrarás gente tocando violín o algún instrumento similar. La versatilidad del violín le permite tocar una gran variedad de estilos musicales.

LA ORQUESTA

Hay más violines en una orquesta que cualquier otro instrumento. Se dividen en secciones para violines primeros y segundos. Generalmente, los primeros violines tocan la melodía y los segundos sirven de acompañamiento, así como el dueto de la página anterior. El atril se comparte entre dos músicos y todos los músicos en una sección tocan la misma música. Cada violinista de una orquesta combina su estilo personal con los demás violines de su sección. De esta forma, la sección de violines suena como un solo y grande instrumento.

EL JEFE DE SECCIÓN

El jefe de una sección se sienta al frente. Los otros músicos le deben seguir. A menudo él toca solo. El jefe de los primeros violines es también el jefe de la orquesta o *concertino*. Esta tradición se remonta a los tiempos en que las orquestas eran pequeñas y no tenían director. El jefe solía dirigir la orquesta y tocar al mismo tiempo.

DE REBUSQUE

El violín es ligero y portátil. Como instrumento solista, genera una música expresiva y encantadora. Estas cualidades lo hacen ideal para el rebusque. Habrás visto violinistas haciendo colectas en sombreros o en sus estuches en las estaciones del metro o al aire libre.

VIOLÍN Y PIANO

Si un violinista toca a dúo con otro instrumento, usualmente lo hace con un pianista. Hay un extenso repertorio para la combinación de estos dos instrumentos. En algunas de las piezas, ambos instrumentos tienen la misma importancia; en otras, el piano sirve de acompañante.

CUARTETO DE CUERDAS

Un cuarteto es un grupo con cuatro músicos. Un cuarteto de cuerdas contiene dos violines que tocan partes distintas. Los otros dos instrumentos son la viola y el violonchelo. Así como en una orquesta, el primer violín hace de jefe. Muchos compositores escribieron música maravillosa para cuarteto de cuerdas.

La familia de las cuerdas

El violín es el miembro más pequeño de la familia de las cuerdas y el que tiene el tono más alto. Fue el primero de estos en inventarse. Sus parientes más cercanos, la viola, el violonchelo y el contrabajo, también pueden pulsarse o tocarse con arco. A medida que el instrumento sea más grande, su tesitura es más grave.

VIOLA, VIOLONCHELO Y CONTRABAJO

La viola (izquierda) es un poco más grande que el violín y se sostiene de la misma manera. El violonchelo (al centro) es aún más grande y se toca sentado; se sostiene entre las rodillas del músico, y se apoya sobre la pata. El contrabajo (a la derecha) es el más grande y de sonido más grave. Tiene el mismo número de cuerdas que el violín pero en orden invertido. Se toca de pie o sentado en una silla alta.

EL ARPA DE CONCIERTO

Otro miembro de la familia de las cuerdas que normalmente se encuentra en las orquestas sinfónicas es el arpa de concierto. Cada cuerda produce una nota al puntearse y se le baja o sube medio tono (semitono) con el uso de pedales. El sonido característico del arpa se reconoce fácilmente, aun cuando toda la orquesta esté tocando. También son miembros de las cuerdas la guitarra y la cítara, que se usan en la interpretación de la música folclórica.

LAS CUERDAS EN UNA ORQUESTA

Los instrumentos de cuerda conforman el núcleo de las orquestas sinfónicas y grupos de cámara occidentales. En conjunto cubren una tesitura de más de siete octavas. Es posible tener una orquesta con músicos de cuerda solamente: la orquesta de cuerdas. La variedad de efectos que se consigue con los instrumentos de cuerda, como el *pizzicato* (página 16), los hace muy apetecidos por los compositores.

GEOGRAFÍA DE LA ORQUESTA

El dibujo de abajo muestra la ubicación de los instrumentos en una orquesta. Las cuerdas se extienden al frente de la plataforma en semicírculo. Van desde los violines en la izquierda hasta los contrabajos hacia la derecha. El director se para el frente rodeado por músicos de cuerda. Si la pieza es un concierto, el solista se para o se sienta al lado izquierdo del director.

CLAVES DE DO Y DE FA

Los instrumentos de cuerda de sonido más grave utilizan partituras con diferentes claves, aunque a veces la viola y el violonchelo usan la clave de sol. La viola generalmente usa la clave de do (abajo a la izquierda) y el violonchelo se toca en clave de fa (derecha), así como el contrabajo, pero sus notas suenan una octava más grave de lo que están escritas.

   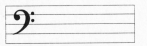

UBICACIÓN DE LAS CUERDAS

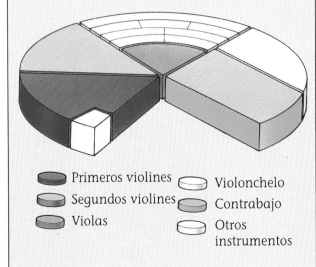

Primeros violines   Violonchelo
Segundos violines   Contrabajo
Violas   Otros instrumentos

Compositores e intérpretes

Los primeros violines se fabricaron durante el Renacimiento. Se popularizó con gran rapidez y para finales del siglo XVII, los compositores ya estaban escribiendo música para este instrumento. A medida que la habilidad (técnica) de los músicos crecía, la música para violín se hacía más dificil. En los últimos tiempos se ha tocado el violín en el *jazz*, el *pop* y también en la música clásica.

Handel

El violín comenzó a adquirir su forma actual a principios del siglo XVI. Ya en el siglo XVII, las famosas familias de Cremona, Stradivarius, Guarneri y Amati, estaban fabricando violines que hasta hoy se consideran como los mejores del mundo.

En sus orígenes, el violín sólo se usaba en las danzas populares. El primer compositor que escribió exclusivamente para este instrumento fue **Corelli** (1653-1713), quien era un gran violinista y maestro. Aun sus piezas más difíciles se hacen fáciles con las técnicas modernas de interpretación.

Handel (1685-1759) compuso varias hermosas sonatas para violín.

Tartini (1692-1770) fue otro violinista-compositor de la época barroca. Su conocida sonata *El trino del diablo* es una de las primeras piezas virtuosas para violín. Argumentaba que el diablo le enseñó a tocarla en un sueño.

J.S. Bach (1685-1750) compuso sonatas, suites y partituras para violín solo y también para violonchelo. El reconocido violonchelista Pablo Casals solía tocar una de estas piezas antes de desayunar todos los días, porque las consideraba la base

Mozart

Mendelssohn

de toda la gran música.

En el clasicismo, el violín desempeñó un papel primordial en la música de cámara y orquestal. Fue la primera vez que se usó como instrumento solista en conciertos.

Mozart (1756-1791) pasó muchos años de gira como niño prodigio. Compuso sus cinco conciertos para violín en un año, cuando tenía 19. Así mismo, compuso música de cámara que incluía el violín.

Beethoven (1770-1827) también compuso sonatas. Su concierto para violín, una pieza dramática, abre con cuatro golpes de tambor aterradores.

El concierto virtuoso para violín se volvió muy popular en el transcurso del siglo XIX.

Mendelssohn (1809-1847) y **Bruch** (1838-1920) compusieron dos de los conciertos para violín más famosos de todos los tiempos. Cuando Brahms (1833-1897) compuso su concierto para violín se pensó que era imposible de tocar. Se le llamó concierto, no para violín, sino en contra de él.

Otros conciertos para violín famosos son los de **Tchaikovsky**, **Sibelius**, **Elgar** y **Dvorak**.

El siglo XIX también presenció un auge

Stephane Grapelli

en los conciertos de salón usualmente ofrecidos en las casas de ricos apoderados, para los cuales componían los músicos. Algunos de estos músicos fueron **Wieniawski**, **Szigeti**, **Sarasate**, y **Kreisler**, quien fingía que algunas sus piezas eran escritas por desconocidos compositores barrocos. El violín se convirtió en un instrumento *respetable* para las mujeres músicas después de interpretaciones por virtuosas como Wilma Norman-Neruda y Erica Morini.

Quizá la influencia más grande sobre el mudo del violín desde Paganini es **Heifetz**, reconocido por su técnica brillante en sus interpretaciones y por ¡la velocidad a la que tocaba sus piezas!

Las técnicas más complejas del siglo XX trajeron nuevos retos para los violinistas. **Berg** (1885-1935) compuso su concierto para violín

Yehudi Menuhin

para recordar a una joven. Empieza solamente con las cuatro cuerdas al aire. La música de **Bartok** (1881-1945) se basa en música folclórica húngara y rumana, aspecto que la hace bastante clara en las partes para violín. Los compositores rusos **Stravinsky** (1882-1971), **Prokofiev** (1891-1953) y **Shostakovich** (1906-1975) escribieron un

Kyung-Wha Chung

concierto para violín cada uno.

La costumbre del virtuoso del violín para impresionar al público con su ilimitada técnica no ha decaído en los últimos cien años. Hoy día se tiende a volver a su uso original: la música folclórica y popular. Entre los intérpretes más sobresalientes están **Kyung-Wha Chung**, **Nigel Kennedy**, **Stephane Grapelli**, **Yehudi Menuhin**, **Nathan Milstein**, **David Oistrakh** e **Itzhak Perlman**.

GLOSARIO

arco: frotar las cuerdas con el arco, a diferencia del *pizzicato* (ver abajo).

armadura: a veces contiene uno más bemoles o sostenidos para indicar en qué clave se debe tocar. Por ejemplo, la clave en la mayor contiene tres sostenidos.

bemol: nota que se reduce medio tono.

dinámicas: órdenes que indican qué tan fuerte o suave tocar.

escala: proviene de la palabra italiana para *escalera*. Secuencias fijas en la que se basa la mayoría de la música.

improvisación: cuando el músico inventa la tonada. El *jazz* es generalmente improvisado.

intervalo: diferencia de alturas entre dos notas. El intervalo entre las cuerdas de tu violín se denomina un quinta perfecta.

música de cámara: música para grupos reducidos, antes tocada en casas particulares.

octava: un intervalo de ocho notas. Dos notas separadas una octava se llaman igual.

pizzicato: pulsada.

sordina: dispositivo que impide al puente traspasar eficazmente las vibraciones y, por tanto, reduce el sonido del violín.

sostenido: símbolo que aumenta las notas medio tono.

técnica: aspecto mecánico de tocar el violín, y la base para el estilo musical avanzado.

tutti: toda la orquesta tocando al unísono sin el solista.

virtuoso: músico con técnica admirable; el estilo musical que le permite al músico mostrar esa habilidad.

ÍNDICE

Créditos Fotográficos
Créditos Fotográficos
Abrev.: i-izquierda,
d-derecha, a-abajo,
n-arriba, c-centro,
m-medio.
Portada-Flick Smith.
4-5, 6 ambas. 7ni,

7nd, 8, 9, 10, 14
todas, 16 a, 17, 18
todas, 20, 21d, 23,
24, 28 todas-Roger
Viltos. 7 a, 11, 25n,
27m, 30nd, 30 ai-
Biblioteca Fotográfica

Mary Evans. 12, 22,
25 a, 31 a-Tropham
Picture Source. 13,
15, 19, 21i-Hulton
Picture Company.
26n, 27n, 29-British
Broadcasting

Company. 26 a-
Biblioteca Fotográfica
J. Allan Cash. 27 a,
30 ad-Fotografías
Frank Spooner. 31n-
Popperfoto.